李致遠／著

歲月 × 三章

July.15, 2017.
Mt. Shizaitou.

推薦序 1

一日跟書主人閒談的時候，聊到他要把 999 篇貼文串精選數篇，集結成冊付梓，在生日前給自己活了一甲子的紀念。當下有感時間緊迫，問其，有否幫得上忙的，於是，把分門別類的工作承攬下來了……

緣起~2021 年盛夏某日，無意中讀了他寫的文，旋即為其豐富的內容，優美的文字，深深吸引，發現其幾乎每日發表一至兩篇新篇章，且題材多樣性，有別於所接觸過的文章，接下來的日子，看他的文章便成了日常，跟著書主進入探索他的世界，成了樂趣。

著手分類的工作，意味著將把之前錯過的文章逐篇閱覽過，過程中，常受感動以致內心澎湃不能自已，少時的軍旅生涯，是他終生的執念。更感佩他，雖已屆花甲之年，仍抱持對生命的熱忱，諸如，徒步環島，跑馬拉松，大小百岳，這類非凡人從事的運動，見到他勇於自我挑戰又不凡的毅力。愛收集公仔，各類成套小物，又可以看到他稚子般的童真。

臨時演員，各類志工服務，熱愛西洋歌曲，閒時遊歷四方，多元的生活成為養分，源源不絕供輸著書主內涵，讓他的文章讀來，生動，多元，繽紛，與眾不同。

礙於印刷篇幅有限，由書主從 999 篇貼文，各擇數

歲月三章

篇，惟其心中不免有遺珠之憾。但從這些篇幅中，還是可以領略他細膩的筆觸，觸動心弦的詞藻，豐厚的文化底蘊，且讓我們跟著他不同的視角，一起悠遊他的文字海！

舊識 周玉芳 于 2022 春

推薦序 2

　　如果人生是一張豪華郵輪的船票，那致遠絕對是將這張門票用的淋漓盡致值回票價的人，可以一擲千金的瀟灑，可以今朝有酒今朝醉般豁達，退休後轉了 2、3 個彎還能重拾熱情變身表演藝術家，相比這頑童，時常覺得自己像在既定軌道行走的列車，前進後退都是熟悉風景，只能藉著他 IG 動態領略四季之美，櫻花綻放，梅花開了，油桐白雪，深秋楓紅，浪漫的落羽松之後又是海芋的季節。而我仍埋首於公務之中，一年又過去了，僅僅有體感溫度的變化，風花雪月，四季於我多遠，所以致遠是真正懂得生活的人，樂於健身鍛鍊，對文學孜孜不倦，擁有童心與好奇心，在生命旅程不斷探索不停歇，挺好。

　　精神富裕是對抗艱難現實生活的強效藥，日常的美好隨手可得，也許是一杯咖啡的香氣，一個卡通公仔的逗趣，一幕藍天白雲的景象，還是一首老歌的回味無窮，像張曼娟說的，只是微小的快樂，便足以支撐這龐大荒涼的人生，我認識的致遠是這樣力行所愛作家的理念從而實踐。

　　人生是不能回頭的單行道，但可以懷念可以紀念，聽聞老同事要將心情隨筆出版成冊邀約寫序，便一口答應，我們自 97 年認識至今，工作、生活時有交流，也互相分

享日常的遭遇和看法，多數時候我總是可以從這位大哥身上獲益，透過他的眼、腳看見我未到之處。我知道你是念舊的，也總在文字之中讀到你夕陽無限好只是近黃昏，對年華流逝之嘆，但靈魂是輕盈的，你裝載的靈魂青春正盛。

昔日同事 王鈺方 于2021 春

6

推薦序 3

　　最初認識致遠哥，是因為跑步課程，後來只約了一次在大安森林公園夜跑後，就有一搭沒一搭的聯絡著。年初因為國內疫情嚴峻，幾乎取消了所有大型賽事，報名好幾場馬拉松的我，當下沒了堅持的動力，一度失去對跑步的熱情。

　　渣打馬拉松取消的隔天，正當我心情低落之際，致遠哥傳了臺北大縱走的介紹頁面給我。其實我知道有這個活動，感覺難度不高看起來也挺有趣！只是對爬山有陰影又沒人陪伴的我，大縱走一直是佇足在心中已久的懸念，這次有人主動邀約，就順道完成這一生一次的壯遊吧！

　　七段的大縱走，我們相伴而行的只有三段。表面上說要「一起」完成尋寶任務，私底下卻是想盡辦法「超車」對方。我很愛玩，也喜歡接觸新鮮事物並挑戰它。自詡自己還算年輕，體力想必不會比致遠哥差，所以從一開始我都輕忽這位「前輩」，殊不知他擁有無與倫比的深厚功力。

　　甘拜下風。居然會遇到一個比我更愛玩的人，但充斥在內心更多的是棋逢敵手的快感！自此，我對這位「前輩」產生很大的改觀——致遠哥的行動力和執行力超強！在看過他寫的心情隨筆後，更發現他是個細膩感性又懂得

歲月三月章

生活的人，在活潑的軀殼裡住著文青的靈魂。而我，從他的跑友、山友進化成讀友，觀察著、閱讀著他的人生體悟。

「Life is either a daring adventure or nothing at all」很喜歡 Helen Keller 的這句名言，表現出勇於冒險、活得精彩的態度。雖然致遠哥已到了樂天知命的年紀，但他的心裡還住著一個十八歲的夢……我相信，任何他想完成的夢想，在能力所及的範圍內，一定會排除萬難勇敢上路！或許，哪天會在聖雅各朝聖之路的旅程上不期而遇，和他一起奔向世界盡頭！

跑友、山友 吳瓊慧 于 2021 夏

推薦序 4

　　與致遠兄相識，緣起於 107 年 5 月一起參加金門縣政府舉辦的大膽島老兵志工團。這是一群不同時期戍守在最前線夙有「國境之西」之稱的大膽島老兵們，在離島 2、30 餘年後，首次回島整理他們曾共同擁有的家──島上已廢棄多年的老舊據點；之後大夥相約每年回島志工服務，亦曾與致遠兄多次同行至今。

　　相識後沒多久，收到致遠兄傳來他為我畫的個人畫像，並在群組上看到他手繪多幅大膽島的插畫，同時又得知閒暇之餘還兼職戲劇片臨演，這才漸漸感受到致遠兄多方面的才藝及興趣。除了大膽島老兵志工外，他為了感受不同生活體驗，假日亦安排公益團體志工活動；他本人對於健行、健跑、登山等戶外體驗，更有著莫名的摯愛，亦曾為此有過徒步環島之行。

　　這種種的生活體驗以及趣事，致遠兄都以輕鬆的文筆及插畫紀錄下來，並於個人貼文中分享好友；平時工作煩雜時，能第一手看到致遠兄清新的心情短文，心中不覺舒暢起來。今天得知致遠有意將小品短文彙集成冊，希望能有更多好友，亦得以分享到他的生活樂趣。相信出書後，他仍會不斷創作，也期待他的續冊出現！

　　　　　　　　大膽島老兵志工夥伴 洪世家 于 2021 秋

推薦序 5

　　能參與此次編序，算是對我的恥力大挑戰。回想第一次遇見 Bruce，直覺此人嚴肅帶點浪漫，好像有點難聊，結果我錯了，因為往後一有問題，渾身是戲的 Bruce，都能用少許禪意，馬上助我排解迷惑，而不以年齒上下相嫌乎，這點非按讚不可。

　　從臨演、健行、馬拉松，原來 Bruce 一直靠著（玩）在修行。達文西說過：世界不缺乏美，缺的是發現美的眼睛。Bruce 用他自身告訴我們，這世上沒有神仙，卻可以有神仙般的生活。所以要怎麼過，由你抉擇。

臨演同學 呂志文 于 2021 冬

自序

終於把我的 Po 文累積到了第 999 篇，也稍事休息，下個月再重新出發。記得幾年前無故被臉書停權，害自己幾年來的心情點滴化爲烏有。

後來再次申請帳號，再也不把雞蛋放在同一個籃子裡，就分別的放在 IG、Line 和 FB。

我對於蒐集心愛的東西，不但很儀式化、而且傳統。即便在這電子圖檔盛行的今天，自己依然會把有著紀念價值的畫面，輸出成爲傳統照片，收錄回憶。此次無非是想把曾經寫出來的點點滴滴，集結成冊、好好收藏。分爲三大章節：年少、軍旅、初老。

特別感謝老朋友周玉芳女士，毛遂自薦來幫我分門別類歸納、整理，讓付梓有了一個雛形。儘量趕在今年 8 月的生日以前完成，算是給自己活了一甲子的禮物。有感走在生命旅途上，除了家人以外，不同時期遇見的每個人，有同事、山友、跑友、老兵志工、臨演同學，在在都精彩了生活，謝謝你（妳）們完整了我的人生。

自序 李致遠 于 2022 春

歲月三章

目錄

歲月
三 月
章

歲月
三 月
章

年少

追憶

　　想起這個月初接了一個臨演通告，其實倒不是爲了想賺外快，更大的原因是自己可以去看看年少時期的場景重現。

　　當年中華商場其中一棟一樓靠鐵道面的場景，有讓人熟悉的點心世界、賣零茨的攤商等，販賣愛國獎券小商行、還有當年學生熟悉的繡學號、改衣服商店、軍用品店、算命攤，不勝枚舉。

　　最吸引我的目光是「點心世界」，民國 71 年入伍前夕

父親就帶著我們一家人在此為我餞行，穿越時空的畫面歷歷在目、恍如昨日。一家子人彷彿就正團聚在那店裡，大快朵頤。止不住眼眶泛紅、鼻頭微酸，這個場景實在是太真實了！

　　明日再度接了這個通告，我要再去看看那已在腦海深處漸漸淡去的印記，完整自己的記憶拼圖。

　　　　　　　　　　　　　　Group 2020 年 2 月 27 日

中華商場

　　從 2 月初以來，一直念茲在茲、縈繞腦海揮之不去的畫面，就是中華商場了！因著幾次參與臨演通告的場景，真是讓我無法想像的真實。

　　那些年過往的年少記憶一一浮現，有國中時候集郵去買郵票的集郵社、還有高中時期購買喜愛的西洋歌曲唱片

的唱片行、更有自己做了生平第一件訂做的喇叭褲的西服
行。

　　一些店面商家後面甚至還有床，好想躺下來就此進入
時光隧道，去尋覓那逝去的快樂青少年生活光景。在這部
片子於下個月殺青後，將會開放數個月讓一般民眾參觀。
不過隨後又如同 1992 年一樣，面臨拆除的命運，再度消
失於我們的視線，成為記憶。

Group2020 年 2 月 29 日 16:56

集郵社

　　當我們上課時，這幾枚小小的郵票總要被夾好收放在課本裡，小小腦袋無時無刻不在期待著下課鈴聲響起。

　　也好像只有在那短短的課間休息時間，同學們彼此才能夠神采飛揚的在這張小小方寸之間，你一言、我一語的談論著這是哪時發行的郵票，小全張以及首日封。

　　展示的同學露出驕傲的表情，向隅的同學抱著羨慕的神情，又私底下相約這個假日來去中華商場逛逛集郵社，看看能不能把漏買的郵票給買回來。

　　上課鈴響起時，我們又得把它隱藏，可別被班導師發現！那一年，我 15 歲。

Group2020 年 3 月 2 日 0:00

歲月三章

青春

　　前些日子網購了張曼娟我不曾看過的幾本著作，卻束之高閣。前天晚上才重新整理出來，開始仔細閱讀。

　　目前正看著這「時光紀念冊」，同時聆聽著自己喜愛的歌曲，正唱道：

　　「內湖買的那一束紅玫瑰　比尖沙咀哪一束更美

　　到陽明山泡溫泉酒一杯　有沒有伊豆的風味

　　整個三月　當你走過下梅雨的台北」

年少

　　不過向來思緒跳躍的自己，又憶起張曼娟另外一篇文章敘述：

　　「過了許多許多年才明瞭，不管什麼樣的江湖，都不是我的；而我曾經努力護持的那場鑣，是無敵的青春，保全了青春，才能成為一個比較好的大人……」。

　　繼續聽著悠揚動人的旋律：

　　「來又回 思想隨你而飛 你在嘆氣 這裏感到風吹 千山萬水 沿路風景有多美 也比不上 在你身邊徘徊」

Group2020 年 3 月 2 日 21:05

作詩

春暖

給自己一首詩
炫出自我
寫 在燦爛的春天
經由一顆溫柔心
讓青春的意象遄飛
走過冷冷的世紀
很溫暖的感覺

今午走進了圖書館，發現一項有趣的活動，毫不猶豫當下參與。閱讀書籍、浪漫發想、接觸現代詩，在圖書館完成一個另類閱讀。

「書架上的現代詩—到圖書館動手作詩」，自己在館內望著看板上的活動介紹，到圖書館除了借書和看書，邀你用書來作詩！

邀大家走進圖書館，用書名來排列成一首新詩，選

書、排列、照相，就這麼簡單！我也不免俗即興作了一首詩，覺得差強人意。

春暖

給自己一首詩
炫出自我
寫　在燦爛的春天
經由一顆溫柔心
讓青春的意象遄飛
走過冷冷的世紀
很溫暖的感覺

Group2020 年 3 月 11 日 17:07

閱報

　　幾乎每天都會到圖書館翻閱報章雜誌，無奈新北市政府因武肺疫情考量，暫時封館。可這習慣無法中斷，遂跑到台北市圖繼續未竟志業^_^

　　今讀一報之中副刊寫的內容擄獲我心，文中這兩段道：「……如今每回與人相約西門捷運六號出口，在等待徘徊的同時，我總會出現一種幻覺，以為又聽見火車要來了。叮叮叮叮，柵欄放下，軌道兩側的人車滾滾都瞬間凝

結，彷彿那是某種重要儀式，一個許願時刻的來臨。

列車經過，車窗口一張張臉孔都帶著興奮神情，張望著流動街景，不期然便與馬路上的我們四目交會。或許是出外的人來到台北，看哪，這裡就是西門町！或許是返家的人，看到了中華商場頂端的國際牌巨型霓虹燈，便知道很快就要到站了。而在路上等待火車穿越的我們，有人在盼望著明天，有人在回味起往事，不可否認的是，這是一個充滿人生故事的城市，我們都在故事裡……」

又是一篇敘述著 1980 年代的點點滴滴、有中華商場、有西門町以及國際牌巨型霓虹燈，慶幸今天雖然新北市圖封館，自己依舊風塵僕僕跑到台北市的館所，不然我也無緣看到這篇文章。

離開館所，信步走在人行道上，不經意的抬起頭望向遠方當下，卻有一種忠、孝、仁、愛、信、義、和、平，接連八棟的商場又回到自己身旁的錯覺……

Group2020 年 3 月 20 日 19:14

牽手

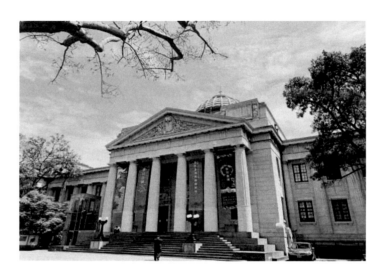

在第 2 天的博物館之旅當中，勾起了自己的一段陳年
往事。記得那時初任公務員，深感學歷不足，遂利用公餘
時間繼續進修。

某個假日，在大學裡有幾堂選修課程，大女兒沒有人
照料，就一起把她帶在身邊。正好學校附近有個博物館，
大女兒想到那看看，替她買了票入內參觀，並交待她看完
後幾點幾分時在門口等我下課過來接她。

不巧那堂課已下課，教授卻意猶未盡的繼續滔滔不
絕。待其結束即一個箭步衝向博物館門口，遠遠看到大女

兒正頻頻拭淚，當下自己鼻頭有些微酸。想想沒能適時的牽著孩子的手，很過意不去。轉瞬之間，在大手牽著小手下，孩子已一步一步邁向人生的旅程，經常隻身來來去去世界各個城市的商務女強人，今日午後望著博物館大門，前塵往事、歷歷在目……恍如昨日……

Group2020 年 4 月 29 日 20:35

歲月
三　月
　　章

本事

　　近來在兼差的案場和同事的互動其實很不開心，不過心念一轉，來想想快樂的事情，為這再平凡不過的日常增添一份美好。

　　想起了這個案場的今生前世，看看時間已過了午夜 12 點卻毫無睡意，遂翻箱倒櫃的挖出了這個前世。當下映入眼簾、已經有些泛黃的電影「本事」上，印著斗大的幾個字「某某大戲院」。

　　那個年代，首輪電影院入場後都有一張劇情說明以及下期預告的宣傳單，叫做「本事」。自己從小就喜歡坐在

這小小的座位上,跟隨著劇情的聲光,浩浩蕩蕩的旅行與移動,也看盡悲歡離合。暗黑空間裡,進入另一個世界的奇幻與奧妙。

　　我發覺自己是一個無時無刻,總是在蒐羅身邊一些小物的人,記得當時進入戲院的第一件事情,就是一定會隨手拿起一張「本事」收藏。

　　物換星移,現在放映電影的戲院早已沒這種玩意兒了!可我手上還留存著一大疊以供自己懷想,這就是我的本事。

Group2020 年 7 月 8 日 0:31

歲月
三 月
章

節慶

今天一早一時興起，整理了塵封已久的書櫃，意外的找到了先前遍尋不著的物件。

那是 2001 至 2002 年在交通部觀光局國際組服務時所留下的海報摺頁，當時的心血累積，證據重現，自然是回憶滿滿。

「台灣地區十二項大型地方節慶活動」，包括一月份

的「墾丁風鈴季」、二月份的「台灣慶元宵」、三月份的「高雄內門宋江陣」、四月份的「台灣茶藝博覽會」、五月份的「三義木雕藝術節」、六月份的「台灣慶端陽龍舟賽」、七月份的「宜蘭國際童玩藝術節」、八月份的「中華美食展」、九月份的「台灣基隆中元祭」、十月份的「花蓮國際石雕藝術季」和「鶯歌陶瓷嘉年華」、十一月份的「風帆海鱺觀光節」和「新港國際青少年嘉年華」、十二月份的「台東南島文化節」，歷歷在目。

　　有些節慶於今猶存、盛大辦理、熱鬧登場，有些早已停辦多年、為人淡忘、不復記憶。不管如何？我曾經參與過這麼一段！

　　每年到了這些時節，我依舊細細品味。在這「陰光普照」的中元祭裡，內心陽光燦爛^_^

　　　　　　　　　　　public2020 年 9 月 3 日 22:58

孤味

　　上個月去看《孤味》這部電影時，其中兩幕令人動容，至今難忘！一是蔡阿姨轉交父親生前留給小女兒愛吃的甜點、一是女主角最後在計程車上先生現身和她合唱。

　　前一幕小女兒接下那一袋明星麵包店的棉花軟糖當

下，往昔歷歷在目，不禁悲從中來。片中小女兒幼時的身影，也讓我想起自己大女兒的童年往事。

夜晚翻箱倒櫃的終於把那一張記憶中的模樣——大女兒的幼時童顏，總算被我找到並把它翻拍了下來！的確和片中的模樣幾分神似^_^

自己深感慶幸在那狂放不羈的青春歲月裡，自己並沒有如同片中的父親那樣，成為這個家中的遺憾。

片中的劇情是現實生活常常上演的情節，我一陣鼻酸、紅了眼眶，今天這一天又即將過去，自己帶著這份回憶入夢，當年的我狂放不羈？又是後話了⋯⋯

public2020 年 12 月 18 日 23:29

黑膠 II

　　在這寒冷的冬夜裡，一台黑膠唱盤、一個復古的迷你小喇叭、以及一杯威士忌，帶領著我在黑膠裡考古。當唱針一落下，隨著旋律憶起往昔，充滿生活記憶的歌曲將再次被吟唱與感動。

　　真的很開心能有這樣的機會，在近乎四十年之後，還能這樣近距離的接觸，我很喜歡這樣溫馨的場合。壓縮了靈魂的音樂，直接感動的聲音。

　　時光洗去了黑膠的新潮味，但音樂還是音樂，自己還

抱著這些「古董」，經驗著那些還沒結束的故事...黑膠音軌的紋理，散發無可取代的光澤，刻上最重要的記憶，歲月專屬的禮物。

public2021 年 1 月 17 日 19:58

歲月
三章月

年糕

圖/取材自義美食品官網

　　一盤味覺的死角，虛幻、撲朔，抓不住，卻回堵記憶的風景。不論歲月再久，年華逝去，自己都會記得那個顏色、溫度，流光印記裡，它永遠鮮明。才從昨日小年夜一路睡到今日大年夜日上三竿，聞到淡雅的小麻油香，很是振奮，掩不住的，舌間躍動。

　　記得年幼時的每個農曆新年，父親在年夜飯裡都會親自煎上這一道美味佳餚，那是一種分享家族的團圓儀式。那一些年，年年的吃，不問原因，吃完即忘，彷彿父親的慈愛，一縷輕淡的麻油香，理所當然。這一段生命中的美

好，彈指之間，消失在我的味覺中。

　　猛然的，自己明白，一切與它有關的記憶，冰封藏匿，冬眠在大腦的底部，徹底地隱形在海馬迴的深層。我嚼起久違了的況味，啖物憶景。是一道記憶的食品，舊味尋回，舊夢重溫。這樣很好，爲了那誘人的平淡，也爲了家中其他成員的記憶，決定將年糕留下幾片在盤內。

　　走出飯廳，年糕就放在四十年前的餐桌上，發熱冒煙。數步之後，待再回望，父親熟悉的身影緩緩拉開習慣的座位，坐了下來……咀嚼回憶的當口，自己始終紅著眼眶，而且恍神。

public2021 年 2 月 11 日 12:22

春天

　　每一年的除夕夜，年夜飯之後，父親都會吆喝著這一大家子的人一起來擲骰子，當然都是由他來做莊，藉著守歲之名、來行聚賭之實。骰子擲地有聲，歡樂之聲不絕於耳，當然是幾家歡樂幾家愁。

　　此刻耳邊想起了一首民謠，是這樣子唱道：「正月裡來是新年　紙糊彩燈掛門前　風飄燈籠　禿螺螺轉　三哥哥　三妹妹　過新年……」自己沒有掛彩燈，但是貼上了春聯。貼上春聯的同時，瞥見陽台上的神秘果盆栽，竟然由

原來的幾片枝葉變成了一叢叢，甚喜^_^

　　吃年糕、擲骰子、貼春聯，這些深刻的兒時記憶，流轉眼前。我走到陽台前，佇立欄前，放空望向有一點灰、有一點藍的天。浮雲流動，宛若歲月。待春節過後，春天不遠了，又或者自己就是春天。

public2021 年 2 月 13 日 15:08

小物

　　講起來，那只是一個永遠的記憶。記得小時候總有一些很喜歡的玩具，自己都會集中把它放在一個大瓦楞紙箱裡。怎想到有一天放學回家後，想拿出來把玩時，才發現整個箱子的玩具都不見了！問了母親，才知道她在整理家務時，全部把它清空、扔了！

　　當下我有如晴天霹靂、嚎啕大哭，曾經有一段時日我很不快樂，因為自己心愛的一些人偶、公仔以及各式玩具，都已離我遠去。之後隨著年歲漸長、求學、工作、結

婚生子，已忘了我生命裡的一段不愉快的記憶。退休之後閒來無事，先前藏在記憶裡的畫面又浮現出來。

自己又開始會在台灣行腳各個角落，蒐羅一些喜歡的文創小物、公仔，填補曾經的擁有和失落。今天出門時，又隨手挑了這隻小熊熊，本能的塞進背包，讓它跟我一起，帶著它出門如同過往的那樣……

public2021 年 2 月 16 日 18:17

再會

　　說一句再會，是簡單又複雜的話、是容易又困難的事。在自己 10 歲以前的摯愛，記得是「雷鳥神機隊」裡面 1-5 號的成員玩偶、各項上天下海的救難機具，但卻再也不會。

　　稍微年長後，又迷上了「李小龍」公仔。只是「雷鳥神機隊」我來不及道別就失去了他們，不過「李小龍」公仔自己倒是呵護的完好如初！去年搭上了「鬼滅之刃」的風潮，我又有了新歡^_^

　　「雷鳥」已矣，「鬼滅」可追，近來一口氣購入了「鬼滅」裡的數個角色公仔，可自己還是最喜歡炭治郎手持日輪刀款這只公仔。風悠微的吹，吹記憶幽微。

　　　　　　　　　public2021 年 2 月 21 日 21:35

那一年

　　那一年我 18 歲，高中畢業，大學落榜，就到了一家至今還存在的電器公司上班。每天早上騎著腳踏車走上一條鄉間小路，行經兩旁稻田時總會貪戀著這段景色。這一段路好似現今台東伯朗大道裡的天堂路，這樣子形容一點也不為過！

　　兩年過後投身軍旅，再也不曾回來過，這片光景逐漸地淡出了自己的記憶。近來在走過中華商場後，試著憑著記憶沿著那一年的小徑追尋……不同於中華商場，尚可找

到大概位置，這一條小路，則是完全理不出頭緒、憑空消失。

　　18 歲，那一年，那條路上，我哼唱的歌曲：「我騎著一部單車 啊哈哈要到路的盡頭 沒有人陪伴我 啊哈我卻不寂寞 青山綠水鳥語花香 風光多美好 渡過小橋 越過田野 心中真快樂……」。那年的自己不知道，這首歌曲會是18 歲的我能遇見再好不過的事了。

public2021 年 3 月 10 日 22:49

西洋歌

　　友人問：「是什麼樣的因緣際會接觸到西洋歌曲呢？」因為她所認識的這個年齡層的人，不是聽台語歌、就是國語歌，很少遇見像我這樣的人！

　　回道：「是一張美國 Billboard 告示牌的單曲排行榜單。」難得因著疫情的關係，除了外出撿拾一下小百岳外，大部分時間都賦閒在家，聽聽當年喜歡的西洋歌曲，努力當一個好阿宅。

　　期間，當然忍不住也會跟著輕哼。永不褪色的西洋老歌，無論歌手是個人、團體，都有甚為喜愛的。從國中時期流連在夜市裡買的盜版黑膠、一直到唱片行內的原版唱片，都是辛苦存下的零用錢換來的。

　　年近花甲的自己常常想回味年少時的吉光片羽，就會

挑一片近來收購的黑膠唱片，放下唱針，徐徐浸淫在黑膠的音軌紋路中。在音箱放送的聲音中，看見了年少芳華的自己，那年我 19 歲……

public2021 年 5 月 16 日 19:09

Bruce Lee

　　疫期宅家無事，繼日前清理了一堆閑置已久的跑衣之後，再一次整理一些玩偶雜物。喜見數盒尚未拆封的大型公仔——李小龍，讓我想起了自己 50 年不變的最愛偶像。

　　他最令我佩服的是：性格裡有一個閃點——執著，也或許是固執。一生中幾個不同階段的目標，都是在他的執著下實現的。全港恰恰舞冠軍、全港拳擊冠軍、考大學、打敗山本、弘揚中國功夫、追求琳達。

這是一顆永恆的執著心，生活一定要有執著。有目標——有執著——有成就。

「I fear not the man who has practiced 10000 kicks once，but I fear the man who has practiced one kick 10000 times -Bruce Lee」。這即是執著，而且是極致。

public2021 年 5 月 27 日 10:28

豆沙粽

　　不見端午，惟獨今年。疫情蔓延、全境擴散、持續防控，已然無味？即便宅家，依舊隱隱約約傳來粽香。香氣撲鼻的味道，讓自己的靈魂，隨著粽香游移在往日時光。

　　那是獨門的味道，記的小時候，父親會在佳節前夕，先煮好一大鍋的紅豆湯，卻不是拿來喝的。而是待其降溫後再行瀝乾，一臉狐疑的望其放入冰箱冷藏。

　　數日後大張旗鼓的準備好糯米、粽葉時，獨不見包餡？當父親緩緩自冰箱內，捧出數日前放入的那一大鍋的紅豆乾湯，我這才恍然大悟！明白原來餡料在此～紅豆

沙。

　　兄弟姊妹們很開心的七嘴八舌、在一旁幫倒忙,好不快樂^_^好些年再不曾嚐過,街巷不見、市場難尋,徒留回憶⋯⋯

public2021 年 6 月 14 日 10:53

優惠票

有一條記憶中的路，念茲在茲，十分想念。民國 71年，接受國家徵召、入伍服役，也從此揮別了童年處所，走向未知？如今將屆 40 年，這一條鄉間小路，從來沒有忘記。

那一年童年住處被國家徵收，說是要在社區後方興建疏洪道，別人眼中的救命大川，於我而言，有如毒禽猛獸。它一刀劃開了自己的童年，一切為二，片斷了記憶。

沒有想到的是，若干年以後在這疏洪道上，又橫空出

世、凌空越過一條機場捷運。每每搭著這一條捷運，前往林口探望心愛的外孫們，一併看到了我的從前。

可是從處所的社區，卻不復見到達工作的電器公司，而所經過的一條鄉間小路，想要完整自己的童年記憶，今日到機場捷運台北車站，購買了一張優惠票，它有 7 天的搭程時效。

將利用未來陽光燦爛的日子裡，踏地尋舊。準備在任何的蛛絲馬跡當中，一點一滴的把那一年、鄉間小路的軌跡拼湊完整。這一點小小的想望！會不會太難？

public2021 年 11 月 13 日 16:54

軍

旅

778 據點二三事

金門日報

【國境之西・大膽日月系列】

發布日期：2018/09/15 作者：李致遠。

　　民國 72 年冬天的某個傍晚，剛把大膽南山觀測所大門的木栓給拴上，大夥兒多已在床頭休息，各自做著自己的事情；有的寫著家書、有的閉目養神、有的吃著東西，我正在讀著女朋友的回信。卻發現不遠處傳來的手吵聲，

愈來愈發的激烈。抬頭一聽，才知是一位觀測兵和觀測官，因為排班的事起爭執。

記得那個觀測兵是別連上島支援我們這一連的，心裡本來就有些不平衡，加上和觀測官平時相處不睦，這天為著衛哨輪值的班表而大動肝火。說著說著激動莫名，歇斯底里地喊著。整個人有些顫抖的順手拿起準備要上哨的五七步槍，上膛作勢要射擊觀測官。眼見這個畫面，當下腦筋一片空白，腦子一瞬閃過之前聽老兵們訴說阿兵哥不服管教犯上的血案印象。

心想此等事情何其重大，絕對不能發生在我們這裡，一旦發生，到時大家都別回台灣了！遂立馬跳下床，從他背後搶下槍、退下彈夾放置一邊，再好言相勸，慢慢地，他的情緒才稍微平復下來。觀測官傻愣坐在一旁、臉色慘白，事後觀測官或許自知理虧，並沒有深究這件事情。

經數個月下島之後，這位觀測兵歸建原本的單位，從此就再也沒有見到他；倒是觀測官在我們連上人緣依舊不好，帶兵總是沒法帶心。

觀測兵持槍向觀測官的那一幕，著實讓我上了一堂震撼教育的課程，很慶幸我能即時、順利地把槍給奪了下來，不致釀成更大的災禍、並安全退伍。

民國72年的春天如常進入島上的霧季。從觀測所104倍望遠鏡的射口往廈門海域望去，幾乎伸手不見五指、一片迷濛。整個金廈海域為迷霧所籠罩，擔任島上運補的榮

船都無法過來，每天膳食吃軍用罐頭都吃到膩了。

在那個幾乎沒有娛樂的年代，在這國境之西，迷霧圍繞，幾至令人窒息的島上，連口腹之欲都很難滿足；入夜後大家沒事，就早早上床睡去，以便接下來的衛哨勤務有精神、好好的站下去。一個夜霧迷濛的晚上，輪到我站 12 到 2 的衛兵，被喚醒後打起精神整裝上哨。

哨所是在我們觀測所上方，也就是在屋頂上大霧籠罩的哨所，半夜更是不敢掉以輕心，深怕有個風吹草動，臨時反應不及，便會遭遇不測。那時站哨的無聊時間，總會哼唱自己喜愛的歌曲當作消遣。時間 1 分 1 秒的過去，冷不防地聽到哨所附近的樹叢中，有人扔石子的聲音，緊張頓生，本能的喊出：「站住！口令？誰？」卻沒有任何反應，稍後又再度聽到了這聲音。

在這個沒有百姓的島上、只有駐軍，同袍之間應不至於開如此大的玩笑，況且又是在這深更半夜裡，難道小動物在樹叢裡叼玩著小石子的聲音？胡思亂想了好久，精神也越發的振奮，不敢有所怠慢。等下一個接哨的同仁上來，也把這情況一五一十的交代下去。

下哨後，躺在床上輾轉卻無法入眠，一大早立刻把此事向連長稟報，沒想到連長竟回說「今晚就撤哨，改站在觀測所裡面。」從這件事情發生以後，我們站哨的位置，就從觀測所的屋頂換到觀測所裡面，一直到移防下島。這也算是某種的因禍得福吧？但 35 年過去了，回想起來那

歲月
三月
章

晚站哨發生的事，懷疑是眞有水鬼嗎？對我來說，一直是個未解的謎。

英雄堡軼事

大膽播音站
1983 夏

金門日報

【國境之西·大膽日月系列】

發布日期：2018/10/03　作者：李致遠。

　　大膽南山……

　　這天早上打飯的時候發現有一道不一樣的菜色，仔細看了一下才知道那是元宵喔！弟兄大夥們很高興地吃著應景的一道菜。用完早餐部隊集結在連集合場，因為這天有

歲月
三月
章

個重頭戲，那就是我們這一連將從現有駐守在烈嶼后宅的炮陣地，換防到大膽島南山。

對我來說那是一個很新鮮的經歷，當初從抽籤後就一路搭著軍艦到大金門的料羅灣碼頭，又匆匆的轉往水頭碼頭搭船到烈嶼的九宮碼頭。畢竟初來乍到、心情緊張也無心眷戀於沿途風景。這回又有機會可看到九宮碼頭的沿路風景了，不同的是這次可以平心靜氣、從容不迫的好好看著戰地島嶼的風情。而且大膽島、英雄堡，想必又是一番不同的景象等著我去欣賞。

整裝後我們這一連浩浩蕩蕩地前進九宮碼頭，這是何等盛大的事，我慶幸我自己得以躬逢其盛。在碼頭整連部隊加快速度，旋即登船。搭上 LCM（武裝登陸艇），一路就在登陸艇的機械聲、伴隨著海鳥的鳴叫中，登上大膽島的碼頭，這天是民國 72 年的農曆元宵節，也就此展開了日後我在英雄堡約莫 200 多個日落月昇的日子。

霧季剛剛過去，從觀測口看去金廈水域展望一片大好，再透過 104 高倍數的望遠鏡望遠，還可看到對岸廈門大學的人影晃動，這樣形容一點兒也不誇張。

這天一早瀰漫著些許詭異、不一樣的氛圍。正當我從這 104 倍數的望遠鏡望向對岸廈門時，忽然驚見有一艘類似潛水艇的艇尾露出水面，好像魚鰭的部分就在金廈水域當中巡曳。心裡著實嚇了一大跳，目不轉睛地記錄它沿途的動態，稍後並且迅速的報告觀測官。沒多久我們 778 觀

測所的電話響起，觀測官接起電話的同時迅速立正站好的回覆電話那端的問話。我心想這一定是某個大官打過來詢問戰情吧？果不其然！是大膽島指揮官詢問我們 778 觀測到的實際狀況，並且命 778 即刻派員迅速到指揮官室報告詳情。觀測官不假思索、看了我一眼，就決定派我前去指揮官室報告。

抱著一顆忐忑不安的心，三步併作兩步快步前去指揮官室。一步入指揮官室，馬上脫口而出：「指揮官好！」指揮官見我前來，示意叫我坐下，好好報告這整個事件的來龍去脈。就在這一問一答的當下，指揮官忽然問了一句：「你研判這艘疑似潛水艇的東西航速是幾節？」我瞬間墜入五里霧中！不知所措？只依稀記得曾經和我們觀測所裡海軍派駐的照相士聊過，但是又不是那麼的專業篤定。心想那速度不是很快，也沒有什麼精準的計算，就大約吐出個比較保守的速度：「航速 10 節。」指揮官：「喔！」結束此番報告，每每想起這段回答，心中都暗自竊笑！三十五年後的今天，娓娓道出、敘述著這段往事，依舊令人莞爾。

歲月　三月章

重返大膽

大膽心戰牆
2018 夏

金門日報
【國境之西‧大膽日月系列】
發布日期：2018/12/13 作者：李致遠。

　　自從民國 72 年離開大膽島返回台灣之後，睽違 35
年，因緣際會在今年的五月以及九月返回大膽島，擔任環
境清潔志工，整理荒廢已久的各個據點，還原它們本來的
樣貌。報名志工的另一重心願，當然希望藉著這個機會，

能找回當年在島上，曾經同島一命、一起服役的同袍們。然而事與願違，機會是如此的渺茫。高興的是認識了同一梯次上島整理環境的志工，雖然分別在不同的年代登島服役，但透過彼此之間的交流，完整的拼湊了大家當年在大膽島當兵的記憶。

我們這些志工，有別於登島觀光、走馬看花的遊客，有更多的時間待在島上懷想、品味當年的種種，但得付出體力和汗水，當然身體上是很疲憊，但是精神上卻很快樂。尤其是當志工們整理出當年的據點時的那份欣喜雀躍，很令我感動！人就是這麼的矛盾，當年在島上服役的記憶，或許不是快樂的，但卻是深刻的印記。壓根沒有想到，多年之後如此興高采烈地重返這座島嶼，想再窺究竟。

五月的時候，我們留宿在北山的宿舍，總覺得跟當年在南山服役時有些距離的落差遺憾在；幸運地，九月登島擔任志工時，留宿在南山的警察派出所宿舍裡，這裡距離當年服役的地方近了許多，覺得讓自己的回憶也更清晰。在派出所附近抬頭望向大膽南山的最高點，就是當初在那邊服役的 778 觀測所。民國 72 年冬天移防登臨此島時，就是從這側邊，一路從碼頭往上跑到大膽南山最高處海拔、約莫 92 公尺的觀測所。

夏天的時候若是沒有觀測勤務，通常就是上半身打赤膊、只穿個短褲，因為這樣可以洗澡時省下洗上衣的時間

與水。但是冬天就蠻痛苦的,因為浴室(嚴格來說應不算是浴室)就是在觀測所大門旁的露天蓄水池。蓄水池的水源,是在牆沿上砌一條溝槽,收集珍貴的雨水,供作洗澡用水。冬天蹲在這洗澡得先把浮在水池上的落葉撥開取水,再速戰速決。冬夜裡颼來冷颼颼的風,讓人凍得受不了,當沖淋身體時,雖然不是熱水,一樣洗得冒煙起霧、蒸氣騰騰。

每天早點名完的例行公事,部隊就會從南山出發,沿著中央沙灘跑到北山再跑回來,直到新到的大膽指揮官認為路跑會曝露目標為由,才禁止部隊從南山跑往北山。每天最開心期待的,就是傍晚 5 點在連集合場的晚點名時刻,因為這意味著一天的勤務告一段落,可以偷得片刻輕鬆。每天差不多在這個時段,大膽播音站總會傳來當年流行一時的歌曲～丘丘合唱團的「就在今夜」。這是在那段日子裡,唯一和台灣流行音樂有所聯結的時候。

這兩次登島,昔時熟悉的許多舊時地標、建物、碉堡據點,多數埋沒在荒煙漫草裡,也有一些是下島後才重建或翻修的,整體地形地貌或許有些改變,一顆尋覓記憶的心卻愈發炙烈;當然拜封島近 70 年所賜,這座島嶼改變的不多。讓我們不同年代、曾在此服役的老兵,有機會再睹當年或許蕭殺、或許孤獨、或許痛苦的青澀歲月。一時興起,素描下五月登島擔任志工時,北山同寢室的 2 位室友,重回心戰牆下的留影作為紀念。

再續前緣

金門日報

【國境之西・大膽日月系列】

發布日期：2019/01/03 作者：李致遠。

　　在金門尚義機場，向旅遊服務台詢問公車站的位置，以盡速到達自己的下一個目的地點。耳邊不時傳來木吉他合唱團「提起了小小的行囊，匆匆的趕在歸路上。問一問那位小姑娘，何處有公車站？」這首《趕路》書寫當下，當然興奮之情也是溢於言表。

　　沒錯！某種程度上來說，自己的確是踏在歸路上，感受近鄉情更怯的 fu 撲天蓋地而來。畢竟在青澀歲月中，在這裡經歷過 365 個日落月昇。一年的時間，因為深刻，而顯得不算短的日子；因為認同的情感，這裡成了我的另一個家。

　　幾張泛黃的相片，勾起了 35 年前在大膽島的畫面記憶：有大膽播音站、北山國旗台、國旗台卜方的觀景台鳳崗、還有神雞之墓。從來未曾想過有生之年、有朝一日能重返大膽！今次報名老兵志工要再登島前，竟然夢迴大膽，大膽呀，其實一直最讓我魂牽夢縈。5 月，落地金門後，一路從大金水頭搭上小船，經過烈嶼（小金）、復興嶼、猛虎嶼，大膽島如實出現眼前。

　　依著志工活動的要求，內心暗自盤算，無論如何一定要利用整理環境的空檔去當年據點探個究竟。

　　第二天安在北山中堡整理環境工作時，突然接獲訊息，要志工帶隊到大膽播音站整理環境。一無準備再見面的心緒，抵達大膽播音站，映入眼簾的剎那，無法抑制一陣鼻酸，眼眶泛淚。

　　如是場景應該都是在別人的故事裡、亦或在電影的大銀幕中，何曾想到自己就是主角，久違傷感與喜悅衝擊，久久不能自已！

　　把握些許休息時間，走訪北山的國旗台，和旁邊的鳳崗觀景亭，一如往常變化不大也，只有原來平面的神雞之

墓，改爲立體是較大的差異；一一對應泛黃照片取鏡，只留仍在管制區內的南山據點未能拍攝的遺憾。希望不久的將來能解除禁令，以圓大膽南山老兵們的夢。

再次揹起行囊要離開，心裡滿足而踏實；揮別前夕，作下決定：「今年來、明年來、年年來，在每一個春暖花開之後，我將再來！」就像當年翩翩少年般的志氣，中年男子在鳳崗勒石許下承諾，一生一世必要與大膽島再續前緣。

可逆

　　2019 時著裝草綠服……穿越時空，重回 1983。當年國軍制式服裝是草綠服，而後演變成迷彩服，時至今日已改良成爲數位迷彩服。

　　這是自己第 3 度登上大膽島時在碼頭留下的身影，36 年前褪下軍服後，那是第一次再度穿上草綠服。穿上它時毫無任何違合，卻百感交集。

　　在這碼頭後方高處，有我當年的足跡，有時踉蹌、有時闌珊，慶幸自己縱有風雨，一路無恙來到 2020。

穿上這種制服我也可以！

public2020 年 2 月 29 日 22:03

團聚

　　又到了大膽島老兵志工團聚的時刻，一早搭上了普悠瑪列車直奔台南，深怕擔誤了這個重要的聚會。

　　當車抵台南，見著了這一夥兒的志工同袍們，年度團聚就此展開。在嚐了古都的當地美食——碗粿之後，旋即驅車前往今日的聚會及住宿地點。自己在遇見的籃框下，重回當年高中時代，一展扣籃身影！

　　垂釣、烤肉、把酒當歌，渡過了這個美好夜晚，弟兄們有人背上了值星帶，帶著大家唱歌答數，高聲齊唱當年的晚點名歌曲「我愛中華」中，結束了這令人難忘の老兵之夜。

　　　　　　　　　　　　Group2020 年 4 月 19 日 0:43

紀念章

　　剛剛收到熱騰騰的「外島地區服務紀念章」，霎時看見自己20歲的身影，低迴不已。

　　民國71年9月至72年9月間，這一段整整一年在金門烈嶼后宅和大膽島服役的歲月，如同快速播放的紀錄片，映入眼簾！

　　曾經有好長一段時間，拒絕回顧起那一段既青澀又苦難的記憶。隨著年歲日益增長，才漸漸發覺苦難是人生的一種恩賜，一切苦難都是為了成就更強大的自己。

　　我用正面的心態去回首過往，也不全然都是那麼不堪。在年過半百後，細細品味著當年的各種甘苦，竟然也有許多甜蜜^_^自己不停的端詳著那枚紀念章，久久不放……

Group2020 年 5 月 3 日 16:42

啟程 II

　　第一天登島，登上島時已近中午，稍事休息後，隨即開始清理島主房周遭的環境。老兵志工們揮灑著汗水、賣力清掃，終於清空出一片有著無敵海景的視野。

　　在天色向晚前，把握住時間結伴去北山國旗台，看看日落西方的夕陽紅。途中經過原本去年 9 月登島時，計劃清理出來的北 21 の 90 高砲陣地，無奈車禍受傷擱置，還好在今年 6 月登島的志工們終於把它清理出來、重見天日！

　　盛夏 7 月 5 度登島，抱著渡假的心情登島擔任環境志工，生理疲憊、心裡愉悅。尤其是當落日緩緩墜下，如同是上天預備的獎賞，伸出手掌輕輕領受，接下這無價之寶。

Group2020 年 7 月 24 日 21:18

歲月三章

啟程 IV

圖7/馬英九 臉書

　　以二膽島為背景，舉起青天白日滿地紅的國旗，老兵志工們與前來大膽島參加大二膽戰役 70 週年紀念活動的各界長官、遺族合影留念。

　　此情此景，既興奮又感動。腦海裡響起年少時期的一首軍歌：

　　「不怕風和雨　不怕浪如山

　　同舟共濟　衝破黑暗　信心要堅強

　　你把舵　我搖槳　萬眾一心有力量

乘風破浪　看雨過天晴　光明在望

一戰古寧頭　再戰大二膽……」

Group2020 年 7 月 26 日 21:01

歲月三章

啟程 V

　　這趟啓程是返回台灣，72 年 8 月下島返台很開心，109 年 7 月下島返台不開心，心境的轉變，是當年想都沒有想到的！

　　記得當年換防回台，心中暗自詛咒「他 X 的！這個鬼島，以後打死我再也不會來了。」日後驗證，自己是說錯話了^_^

　　人很奇怪，越是艱苦困難的記憶越是刻骨銘心，快樂的記憶反而容易流失，不復記憶。在這年過半百的時刻裡，這刻骨銘心的歲月正回甘中……

Group2020 年 7 月 27 日 20:00

歲月
三月章

草綠服

穿著草綠服的正港老兵，吸引民眾目光。（記者李佩玲攝）

　　1982 年的秋天某日午後回到新訓中心，心中很是忐忑。因為再來馬上就要抽籤、分發下部隊報到了。最後抽籤結果揭曉，就是當年大家最不願意抽中的「金馬獎」。

　　隨即搭上火車一路直驅左營，待了一個晚上即至軍港碼頭，搭上「開口笑」一路乘風破浪、前往金門。

　　當然也是暈得七葷八素，登上料羅灣軍港碼頭時，還覺得地面仍在搖晃。望著眼前一望無際的土地，既陌生又徬徨的念頭一湧而上。

　　之後我在這個島嶼及其離島，駐防了一年多的光景才得以返台。這回在 2020 台北國際觀光博覽會中擔任解說志工時，重新披上這一身戎裝──草綠服，感謝報社記者幫我取了一個景^_^想起了那段歲月，迄今已 38 年了！

　　多年以後，因為參與大膽島的環境志工關係，得空和其他志工同袍再訪料羅灣。時值正午，艷陽高照在所難免，向外海望去，是陽光裡的絕美海景。

　　好久不見，像極了老友般，絲毫未曾改變。那個 20 歲出頭的年輕戰士，彷彿還佇立在料羅灣軍港，引頸企盼著返台的軍艦。

　　　　　　　　　　public2020 年 9 月 9 日 13:35

Taiwan
Kinmen

烈嶼后宅金鴻商店
Feb.1983

烈嶼后宅金鴻商店
Sep.2019

InstaMag

軍旅

再見

　　不是再也不見，而是再次相見。再見后宅^_^一別 36 年！因地形、地貌變化太大，1997 年返金第 1 次尋覓，2019 年初 2 次找尋，皆無功而返。2019 年中第 3 次得管區員警之助，終於拾獲！

　　這是和當年連上連長相約造訪，往昔年輕的老板娘已是老婦（下圖左側），我等也凸頭、凸腹。圖中隱約可見金鴻商店的「金」字（上圖右側上方）。感動莫名！

　　烈嶼后宅、大膽島南山，都是我生命裡的重中之重，說是第二故鄉，一點也不爲過！自 2018 年起的 5、9 兩月依時前往，今年爲配合活動，稍有不同，改成了 7、10 兩月。

　　亦即下個月又將返鄉……不過揪在心裡的疑問？多年來一直無解！那就是這自組醒獅團攝於出發前？還是結束後？

public2020 年 9 月 18 日 16:34

烈嶼 后宅

InstaMag

軍旅

憶軍旅

自己從 2018 年 5 月起，開始返回大膽島擔任環境志工一直到現在，平均每半年會返島一次，一償夙願。

可是原本移防大膽島之前，我在烈嶼后宅的陣地，卻一直到去年 9 月靠著管區員警的協助下才把它找回來。

昔日的大門、中山室以及各砲陣地早已荒煙蔓草、不復以往。百般尋覓之下，所幸找到了一處當年剛下部隊時，自己出砲操的砲 1 班陣地。

驚喜萬分！1983 年射口往外拍去（操練休息時的畫面），2019 年這次是從射口外向內拍攝。射口一內一外的距離，走了 36 年。

public2020 年 10 月 5 日 22:25

謎題

　　看著這一張攝於 1983 年的黑白軍旅照片，勾起回憶層層。確實月日已記不清楚了，不過看大家光著上身或短袖衣著，一定是夏天無誤！

　　此相片是在大膽南山 778 觀測所大門前留影，可惜無法像前幾張如法炮製，來一張跨時空的穿越照。一來因為該據點目前仍在大膽守備隊的管制區內，無緣瞥見。二來圖中的另外幾位同袍也早已不知去向？

　　記得圖中由左至右依序是：附近步兵據點的排長、連上的楊觀測官、我以及海軍派駐在觀測所內的照相士。比

對今日，此情此景頗有「去年今日此門中，人面桃花相映紅，人面不知何處去？桃花依舊笑春風。」之感。

絞盡腦汁去想，就是想不起來他們的名字。除了依稀記得觀測官姓楊以外，其他一概沒有記憶。歲月真的是一把殺豬刀，它銳利的刀鋒，除了在臉上依序刻劃出魚尾紋、法令紋、以及木偶紋，也深深地將海馬迴中的記憶削去。也許有緣再見、或者今生成謎。

public2020 年 10 月 6 日 13:37

憶軍旅 II

台灣雲林
1983冬

　　1983 年由大膽島移防回台後，部隊旋即進駐高雄鳳山衛武營。待沒多久！就開始了當時我服役的第一次基地訓練。記得那個昏暗的夜晚，天空中沒什麼星光，在潮州火車站一旁的軌道上，一群阿兵哥正努力的把軍車和榴砲固定在火車板台上，努力不懈的作業，求的就是能在時間內完成裝運的動作。

　　事實上裝運像 105 榴砲這般大型的武器，固定的工作是必須要相當謹慎小心。忙完後大夥正坐在火車上隨著它的拐彎、轉角搖擺著身子，同袍或坐或臥、互靠他人肩上

睡覺，也有人看著外頭抽煙發呆，也有幾個一起打屁哈拉。自己聽著火車轟隆、轟隆聲、半夢半醒的閉著眼睛打著瞌睡，火車慢慢的行駛著……

　　中途在一個不知名的站外待避了好久，心裡正思忖著自己役期還剩多少時間？火車終於再度開動，繼續載著我們前往基地的所在地：雲林斗六。

public2020 年 10 月 9 日 15:36

歲月
三月
　章

憶昨

　　沒想到在已近花甲之年，迷上了年輕時服役軍旅的各式配備以及小物。舉凡從草綠服、迷彩服、數位迷彩服、草綠小帽、S 腰帶、腰包、軍靴、各項臂章以外，今日又獲得了一個莒光袋（上頭加繡了一枚陸軍後勤指揮部的隊徽）。

　　查了一下那個隊徽的意涵：盾牌外型是精實案後，陸軍總部規範軍團級隊徽為盾形。四個圓環代表「精實、主動、服務、時效」，四大勤務環環相扣。麒麟古稱仁獸，

乃主動、快速、負重、人本之表徵。中間一顆大星、左右共六顆小星，代表設計時該部暨所屬單位六署一處。

　　一項裝備、一段記憶，身處在這麼多各式各樣的配備裡，自然滿滿回憶，睹物思情也思人。記得民國 73 年間駐防衛武營時，曾經帶著這個莒光袋參加過「三民主義講習班」，那已是 37 年前的舊事了！幾經輾轉，它又回到了我的身邊，愛不釋手。用手輕輕觸摸，也撫過歲月……

public2021 年 3 月 4 日 12:43

歲月三月章

回甘

　　雖然，當年自己跟絕大多數的其他弟兄們一樣，都是因著「籤運」不好，非自願的、很無奈地抽到了「金馬獎」才來到了這個蕞爾小島。可往昔的種種艱困，卻造就了日後的回甘甜美。

　　在金門服過役的人知道，草綠色軍服的胸部以及臂膀部位，都會用金線繡上一個亮眼的、約二、三公分大小的正三角形，裡頭若是一個倒立的小三角形就代表是小金門（烈嶼）的158師。

　　在此駐防半年後，又往前推進到了大膽島。記得那年在碼頭登上了 LCM 一路直驅大膽島時，心中甚是忐忑、戰戰兢兢。因為我將去的這個地方，是駐守在烈嶼后宅陣地 155 榴砲的八大射向之一……昔日象徵苦難的一個標誌，如今看來卻愈發閃閃、動人！

　　　　　　　　　　public2021 年 3 月 7 日 17:21

故島

May 29-31.2018

　3 年前的今天，帶著近鄉情怯的心情，重新踏上了這座睽違 35 年的海上堡壘、老兵故島。人們想起大膽島海島風情，一般都會聯想到大膽島的門面，「大膽擔大擔，島孤人不孤」、「忠心貫日月，奮勇撼山河」的巨幅標語，令人肅然起敬。可我不復記憶，只依稀記得那年登島時，碼頭附近的漫天海鷗。

　隨著工作船的航跡，我們來到國境之西的大膽島，它那保存良好的碼頭，為我們打開了窺視冷戰時期的一個窗口。整個要塞依山傍海而建，南山頂上是我當年駐守的據點──778 觀測所。南北山海邊是綿延的海崖，監控著廈門港，兩山之間是中央沙灘，由公路將南北山連接起來，雖易攻難守、卻固若金湯。

令人懷舊的戰地島嶼，浪漫的日出日落、清澈的海灣、海灘林立的軌條砦，在彼此的反差下，照應了往昔與未來，大膽島的一物一石，都給予人深厚的歷史情懷和時空交錯的感受。在島上因為距離對岸太近，時常收到「中國移動」的漫遊訊息通知，相當不便。念頭一閃，不知如今「中華電信」反攻「中國移動」了沒？^_^

public2021 年 5 月 29 日 11:16

歲月
三月章

精神堡壘

大膽南山精神堡壘[1983-2020]

　　宅在家中，隨意流灠 FB，欣見大膽島老兵同仁 po 上了一張去年無緣進入管制區內所拍攝的一張照片。這喚起了我的記憶，遂跑去翻尋那一張照片。

　　那是在民國 72 年的暮冬初春之際，也記不清楚是在如何的狀況下，跑到了南山精神堡壘處留下了自己的身

影。記得那時在外島服役都是通信保密，在台灣的家人只知道我在金門服役，但知道的也只有郵政信箱號碼，詳細地點則是無從得知。

拜觀測所內的海軍照相士所賜，幫忙沖印出這張照片後，突發奇想將這張照片寄回給家人。因為在那精神堡壘牆面上有「大胆」二字，冀望他們能在這蛛絲馬跡裡，知道自己確切的服役地點。

38 年後再回想起來這一段往事，依稀嗅出當年肅殺的氛圍、微酸的心情，溢於言表。如今我想對自己說：「我在大膽！我驕傲^_^」

public2021 年 6 月 1 日 14:49

歲月 三月章

神遊

大膽島 Aug.1983

　　抗疫擋煞，足不出戶。聽音樂、看小說、憶往昔，都是不錯的選擇！音樂中的某段旋律、歌詞，小說裡的一頁情節、敘述，往昔地一幅畫面、情境，在在把自己推回到1983年（民國72年）的夏季某日。

　　這一天心血來潮、甘冒大不韙，和觀測所內的海軍照相士，一起跑到島上幾處據點拍照，留下了這一抹燦笑^_^何以如此？想是這嘴角上揚的背後，應該是獲知即將換防下島吧！喜悅的心情當然溢於言表。

　　韶光荏苒，38 年後當我再度遇見當年的那個自己，嘴角仍舊揚起。相較於那一年，稍嫌青澀卻又燦爛的笑容，平添幾許悵然。「人生天地之間，若白駒之過隙，忽然而已。」（莊子・知北遊），腦海當下滑過這首詩。

　　　　　　　　　　　　public2021 年 6 月 3 日 21:53

寧靜

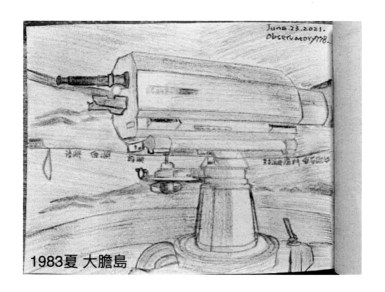

物換星移、歲月輪轉，偶而回首會有驚奇、也最念念不忘的軍旅畫面，竟然不是背上黃埔大背包換防、登上LST 登陸艦(開口笑) 的時候？卻是帶著雙眼惺忪的睡意，盯著這個龐然大物、望向僅有 4 公里外的廈門。

那一天晚上，四周安靜、一片死寂，我差一點就要去夢周公了。朦朧中看見一輪明月、高掛天空。念頭一轉，攸地把望遠鏡打高仰角，看看這一個皎潔的月亮。

正當定睛凝視時，見著了月球表面的坑坑洞洞的轉

瞬，冷不防一身毛骨悚然，不禁打了一個寒顫，自己彷彿看到了「寧靜海」。這是不是也算是另類的擅離職守？^_^

在此之後，夜裡上哨時，不管有多無聊，再也不曾把仰角打高了！我也無法理解為何自己再也不願如此？平凡但驚奇地與月亮不期而遇。也許，軍旅的種種就是帶著懵懂的自己，遇上最未知的驚喜。那一年夏夜的皎月，我不曾再見過……

public2021 年 6 月 25 日 12:52

歲月三月章

神雞

　　夜寢夢魘、晨醒昏沉，睡眠於我竟是如此不堪！或許是近日活動量不足所致^_^趁著神智清明、神遊大膽，也算樂事一椿。

　　記得民國 72 年在島上服役之時，回想起來，其實和現在防疫期間相差無幾。除了早晚點名，會前去連集合場外，幾乎都是待在 778 觀測所裡，從觀測口觀去、望海興嘆。

　　即便那年在 8 月換防下島前，硬是豁了出去、和海軍

照相士連袂、偷偷跑到各處拍照留念，卻僅止於播音站、勒石、國旗台之類的。唯有一處可稱為景點的，無非就是「神雞之墓」（當時還不曉得有「神犬茜露之墓」）。

當抵達位於北山的現場之後，二話不說，端坐墓前，馬上請照相士幫自己留影紀念一下。民國 107 年登島時，亦迫不及待的前往一探究竟。惟已不復當年風貌，若有所失。在前往墓前探視時，必先拾級而上、一段陡階。再訪神雞的這一條路上，走得很好喘、走得很有感、走了 35 年⋯⋯

public2021 年 6 月 26 日 14:27

砲三班

　　民國 72 年換防下島在即，在這倒數時刻，南山跟北山間幾處地方，亂槍打鳥的留下來一些自己的足跡和身影。記得當時看到了這個勒石，立刻被這斗大的幾個字「島孤人不孤」所吸引，馬上請人快門一按！

　　後來才曉得，此處是我們砲兵連上的砲三班。而位在它的上方，就是南山連連長室。在事隔多年之後，翻閱著這些泛黃的相片，就教於昔日的連長才有所知悉。那年按下的快門風景，真的只是知其然而不知所以然了^_^

　　自己雖服役於砲兵連，卻是在 778 觀測所，幾乎足不出戶，連上各個 155 榴砲、90 高砲陣地，當然也是不得而知。要說看過，勉強就算是各個火砲的位置圖吧。

　　據說大膽島上的 155 榴砲陣地，都是炸出來的坑道。火砲佈署時，是分解後搬運進陣地再予以組合。若射擊時、無需拖拉展開，砲架都已糊死、固定射向。發射手！裝填手！……瞄準手。幾經歲月更迭，陣地火砲不再，徒留煙硝記憶。

public2021 年 6 月 28 日 15:59

軍 旅

　　民國 71 年 8 月 25 日一早，我到市公所報到，跟著這一梯弟兄們上了市公所為大家準備的列車，直達桃園後轉抵更寮腳營區，開啟了為期兩年的軍旅生活。

　　進入營區以後，首先迎接自己的是一把剃刀，落髮三千後，整個腦子呈現空白。為什麼會如此呢？因為從即日起，世界變為黑白。非人的生活、一個口令一個動作！

　　入伍訓結束後，因為我抽中「金馬獎」，所以去了金門烈嶼、大膽島，顛沛流離了一年。換防返台以後，也好

不到哪裡去。歷經下基地、營測驗、旅對抗、參與黃埔建軍 60 週年的精誠連。

　　日後自己很慶幸的，是在這個單位給了我年少輕狂歲月時的歷練。並且有緣同一個單位、結識了做了短暫的弟兄同袍們。直到 38 年後，已近初老的我感觸良多。

　　從當年的憤恨不平，到如今的回甘甜美。那年 8 月 24 日當天往後兩年……一直到現今，發生的種種，無聊時分、腦海持續浮現。當兵後的回憶，可是一輩子的事，確實是如此！昨晚憑著印象素描了一張當年旅對抗時，在濁水溪以南的一處田野警戒的畫面，而後滿心歡喜地入眠。

public2021 年 7 月 3 日 11:00

歲月

三　月

章

海鵬

　　民國 72 年我服役的連隊參與「陸鵬一號」演習，從大膽島撤防回台，駐地在衛武營區，自己部隊的番號也從 158 師（誠實部隊）變成 117 師（海鵬部隊）。

　　曾幾何時，因為國防部的精進案而裁撤、消失多年。然而日前為消化滯徵的新兵，同時舒緩目前新訓部隊壓力，推動重新復編陸軍 117 旅。這番號是從過去裁撤的陸軍精銳師級部隊復編，是一支歷史傳承、戰力堅強、戰功彪炳的部隊。117 旅，即為昔日師部位於高雄九曲堂的

117 師。

　　這支部隊如同 158 師帶給我的回憶是大膽島，它讓自己想起了下基地、精誠連的印記。尤其喜歡海鵬部隊的意象，一隻大鵬展翅、佇立地球之上。民國 73 年 8 月 24 日上午，參與了連上最後一次早點名之後，從文書手上收下退伍令，踏出營區。

　　時光流轉，一路跌跌撞撞到今天、至初老。人生旅途中，身邊有一些人留在昨天，我慶幸自己有機會進入明日。路迢遙、也不遠，繼續誠實前行、尋覓心中海鵬……

public2021 年 7 月 5 日 13:53

前線未了

　　幾張泛黃的相片，勾起了 35 年前在大膽島的畫面記憶：有大膽播音站、北山國旗台、國旗台下方的觀景台鳳崗、還有神雞之墓。從來未曾想過有生之年、有朝一日能重返大膽！2018 年報名老兵志工要再登島前，竟然夢迴大膽，大膽呀，其實一直最讓我魂牽夢縈。5 月，落地金門後，一路從大金水頭搭上小船，經過烈嶼（小金）、復興嶼、猛虎嶼，大膽島如實出現眼前。

　　依著志工活動的要求，內心也暗自盤算，無論如何一定要利用整理環境的空檔去當年據點探個究竟。第二天安

在北山中堡整理環境工作時，突然接獲訊息，要志工帶隊到大膽播音站整理環境。

　　一無準備再見面的心緒，抵達大膽播音站，映入眼簾的剎那，無法抑制一陣鼻酸，眼眶泛淚。如是場景應該都是在別人的故事裡、亦或在電影的大銀幕中，何曾想到自己就是主角，久違傷感與喜悅衝擊，久久不能自已！

　　　　　　　　　　public2020 年 10 月 4 日 16:31

初
老

歳月
三 月
　章

路

　　有好一段時間沒有到太魯閣走走了，這是自己青壯年時一走、再走、三走の一條路。日前在環島極點行時臨時起意，遂造訪了此處。

　　信步沿著立霧溪走著，兩旁峽谷風景讓我憶起那年結伴走過的錐麓古道。從中壯年走到了老年，沒有了壯年時的急行、疾走，換來不急不徐，迴旋淺灘。

　　莽撞時傷過的人，請你原諒。曾經傷過我的人，我原諒你。

　　走這條路，似走自己一生。有 37 年前的長官同袍、有剛結識的法國青年一同伴走，走在當下（步道途中）、緬懷過去（長官同袍）、迎向未來（法國青年）。走在兩山之間，不知不覺就走過了歲月。步道終端如夢似幻的水瀑從岩洞上方傾落，好似仙境！是遇見？還是預見？

Group2020 年 2 月 25 日 15:40

達標

　　友人 W 在 2019 年春幫我做的這個海報，對我來說一直是個殘念、感慨不已。先是足底筋膜炎、後又是車禍手傷，一轉眼就搓跎了一年。

　　在十二生肖又輪迴到屬鼠的這一年，自己已經 58 歲，可心裡卻還住著一個 18 歲的夢。3 月再將啓動今年的第 3 次環島（自駕），可是雙腳卻一直踏不出去，因為又發現了自己的膝蓋有些問題。老了！眞的是毛病多多。

　　花蓮崇德到台北松山最後的這一哩路（約莫 200 多公里），自己也不知何時才能啓程？只有聽天由命，希望膝蓋的狀況減緩、趁早踏上征途。

Group2020 年 3 月 8 日 22:42

歲月三章

徒步蘇花

　　有人說蘇花是靜謐的，有人說徒步蘇花是身體在地獄，心靈在天堂。對於我來說，這一路上都是心靈的天堂，無外乎身體和心靈。

　　靜靜的走，靜靜的看，靜可以放空一切。時下有各種旅行的方式，自己最喜歡的是背上行囊、用雙腳丈量大地。

　　這種徒步的方式是對體能和毅力的最好考驗，因為我必須一步一步的走，沒有任何外力可以利用。

　　徒步時自己自由飛翔，全副身家就是背上的背包，想停就停、想走就走，有種海闊天空的感覺。有人說：「爲什麼挑這炎烈的盛夏出走呢？」

　　我回道：「越是置自己於困苦境地，越能體會出生活的種種。」我背上自己的背包、還有自由，出發！

Group2020 年 7 月 3 日 23:32

歲月三章

完走

徒步環台完走紀念
李致遠 Nov.6.2020.

　　10月後無事一身輕！做好計畫要來徒步環台我的最後一哩路。去年從西部越過東部到花蓮崇德後，因足底筋膜炎鎩羽而歸，

　　之後又屋漏偏逢連夜雨——車禍斷手。一直延宕到今年夏天重新出發，唯天熱難耐、毅力不足，行至宜蘭南澳後一直延宕至今。時值秋高氣爽，得趕緊出發了！

　　11/2 南澳到東澳

　　11/3 東澳到羅東

　　11/4 羅東到頭城

11/5 頭城到坪林

11/6 坪林到松山

晚間到小 7 把這張圖片列印出來成 A3 大小的小海報，索性把日期也押下去了，算是給自己的一點壓力，使命必達。這是我人生遺願清單裡 8 件的第 1 件，指日可待 ^_^

Public2020 年 10 月 26 日 21:53

自我實現

　　近來退出了一些任務型編組的群組，也封鎖了一些讓人心煩意亂的 LINE 友。就先不去理會這些，把心思意念放在過幾天即將出發啓程的徒步旅行。

　　每回較長時間、出門在外的旅程，都會挑一頂喜愛的帽子隨身作伴。這回選擇了代表著三鐵冠軍精神的埔鹽順澤宮幸運神帽。藉著它和自己的徒步有所連結，也冀望帶來幸運、順利完走。

　　無事一身輕的第 1 天，卻也有著情緒上的小小波瀾，

無關誰對誰錯？這不就是人生！徒步有一種魔力，可以洗滌我的身體、心靈。喜歡這張插畫海報上的路段，那是大武。

　　記得那天從楓港越過南迴抵達大武已是夜晚，獨自一人走在這一面山、一面海的寬廣公路上，偶有車輛呼嘯而過，可大部分的時間都是寂靜無聲。

　　除了海浪拍打岸邊的轟隆、轟隆聲，不絕於耳。待一會兒進入夢鄉，願聞濤聲依舊……

　　　　　　　　Public2020 年 10 月 29 日 0:37

歲月三月章

征途 V

　　受到颱風外圍環流影響，北宜公路從坪林到台北的這一段路走起來格外辛苦。一路上當然又是淒風苦雨、常相左右，無可避免！

　　昨日腳上起水泡的部分，今日更加的不適。這最後一哩路，走起來倍感艱困。穿雨衣太悶熱，撐傘又常常炸彈開花，因為風不知道從哪一個方向吹來？

　　這兩天走在北宜路上，沿路都碰到邊坡施作的工程人員向我示意，並且加油打氣，真的是很謝謝他們。好不容易，皇天不負苦心人，終於抵達終點，腳當然是走到破皮流湯。

　　縱使肉體疲憊，心靈卻是飽足。自己也算是用腳愛台灣，身體力行。人生遺願清單裡第二個項目正在向我招手……

Public2020 年 11 月 6 日 19:18

歲月
三　月
　　章

征徒 VI

美麗征徒

　　一早醒來，好久不曾睡得如此香甜，只是小腿肚及足底隱隱作痛，稍事爬梳了一下思緒。「所有的偉大思想家，都是用雙腳的踩踏想出偉大思想。」（尼采）

　　自己踩踏過後，雖不至於有偉大思想出現，但思緒清晰了，開車讓人們遺失了徒步的樂趣，徒帥不徒快，重新找回春花秋月。

　　「睡了醒來就是另一天，睡了不醒就是一輩子。」徒步讓我有了健康的另一天。

　　低頭俯視路上落果一地，野生楊桃香味撲鼻。昂首仰望天空燦爛繽紛，火燒紅雲令人感動。徒步的一日，和往昔沒有不同，然而卻讓自己感到比過去的每一天，都要來得飽滿。

　　最後祝福在路上，那些曾經幫我加油打氣、想順道載我的：駕駛大哥、正妹騎士、邊坡施作人員、二手商店老闆。沒問姓名、也未拍照，但我真摯希望你（妳）們的人生旅途，永遠有一輛接著一輛的便車，一路扶持（馳）！

　　　　　　　　　Public2020 年 11 月 7 日 12:44

紀念

　　記得每每完跑一場馬拉松的賽事之後，都會領取一枚獎牌以為紀念。今早來到老街出一場通告，待戲時看見一旁商家販賣著手札造型的皮革吊飾，想起這個月初徒步環台完走，似乎也該留下些什麼來做留念！

　　仔細端詳想要購買的商品，才知商家老闆還會免費的幫顧客刻上自己需要的字句。遂寫下幾個關鍵字請老闆幫我刻上——「徒步環台完走紀念」。

　　這一場戲接近中午時分即收工，可自己尚浸淫在徒步

環台的美好記憶裡，沒有回神。

一生中希望要完成的事情，這一件是首部曲，印記刻痕格外深入。手札筆記本吊飾的隻字片語融入生活，雖然只是短短的幾個字，卻是我的生命自傳。

Public2020 年 11 月 18 日 14:27

珍 重

　　一早就買了份蘋果日報，這一份從 2003 年 5 月 SARS 肆虐甫過開始，一直走到了 2021 年新冠肺炎的今天，終於壽終正寢。疫起疫落，巧合中夾雜著唏噓。這類意氣風發的刊物，已難再現！

　　午后在北海岸、看海、觀浪的同時，一面翻閱著這份報紙，做最後的巡禮。眼看一浪頭推進、緊接著又一浪頭退出，潮來潮往、循環不已。生離死別、死別生離。

　　脫下口罩，深深地嘆了一口氣。曾經有人問我：「你

爲何嘆氣？」自己玩笑式的回答：「反正嘆氣不用錢啊！」可其實這裡面混揉著生活中的各種無解？

public2021 年 5 月 17 日 18:22

完騎

　　梅山 36 彎挑戰賽 36 公里線上騎，這個活動，好不容易在約莫上午 11 點左右完成了！心中甚為雀躍^_^

　　記得若干年前，我從居家樹林附近，騎著自行車一路向南到大溪。深感大漢溪左岸車道風景還不錯，所以決定轉個方向，一路往北流浪到淡水。一方面看看河岸風景、一方面也順便完成這個線上活動。

　　昨晚看了氣象預報是陰天，哪裡想到今早風和日麗、陽光和煦，虛無縹緲、如夢似幻的遠山雲瀑，煞是好看！

　只不過 36K 眞的是太遠了，有一些些的力不從心。

　　最後在淡水老街，劃下了今天活動的休止符，心中洋溢著滿滿的充實、快樂。這應該是自己不間斷的騎行，最遠一次的紀錄吧？此刻淡水河口的風迎面吹拂，爲這即將來臨的盛夏，帶來幾許涼意……

　　　　　　　　public2021 年 6 月 7 日 13:08

縱走趣

　　大棟山縱走，這一條路線記得在這十幾年之間，走了3、4次，這回再度啟程，不過卻變懶了。只截取了其中一段^_^大棟山列大縱走之「山鶯」段。

　　鶯歌火車站→孫臏廟→光明山稜線→千(百)年榕樹→石灰坑山→山佳火車站，歷時 3 時 50 分完走。在日本時代所稱的「山仔腳驛」（山佳火車站）前木造站房，也是記憶中的百年老車站，結束這趟健行。

　　踢著踢著，來到今天的第一座山頭──鶯歌石。

　　山徑還算清幽、路跡標示明白。抵達千(百)年榕樹觀景台後、就地小憩。觀景平台眺覽三峽鳶山、樹林，展望絕佳。

　　今日視野很好，遠近山巒層層疊疊、連雪山山脈也清晰可見。之後陸續行經望湖山、石灰坑山後，下切山佳火車站。遠山青翠、竹林幽靜，冀望今早走在這一片光明山的稜線上之後，未來前途光明！

　　　　　　　　　　　public2021 年 6 月 30 日 14:04

大霸尖山

　　曾經看過一位山友寫下這麼幾句話，頗為認同。「挫折時我會想起遠方的山岳。大山總是教會我，別被途中的巨石阻擋，雲散開，路在前方，下一瞬間是陽光普照。」

　　我也總會在心情晦暗、情緒低潮時，選擇攀登一座山峰。此無他，不過就是將自己置於逆境，藉以對照現況，艱困也不過如此了，還有什麼放不開、想不透的呢？

　　12年前曾經計劃走訪大霸，無奈江河日下的身體，勉強踢完大鹿林道，身體早已不堪負荷、無以為繼。當晚在

九九山莊即早早睡去，一早醒來後，眼睜睜的看著其他隊友整裝出發。心有不甘的拖著沉重疲憊的皮囊，登頂加利山，聊以慰藉自己。

之後 2 年，僅再攀登奇萊主北、郡大、玉山前，百岳生涯，隨即告終。一晃 10 年已過，這 1 年來受到其他山友鼓勵，考慮重返百岳，惟既期待又怕受傷害、躊躇不前。猶豫期間，素描大霸風情，一解無法登頂之苦！

public2021 年 7 月 10 日 17:53

獎牌

　　感謝友人割愛的 2021 自行車旅遊年認證活動，日月潭秋季獎牌到手。加上先前的夏季獎牌，一共就有了兩枚獎牌了，我將繼續為冬季獎牌努力奮戰。對於獎牌，自己一直很執著。即便現在暫時封腿，我也會繼續上網蒐羅漂亮的獎牌收藏。

　　每每在新聞媒體看到馬拉松跑者在東京街頭與無數市民 Hi Five、在法國酒莊穿梭喝佳釀、在波士頓 Scream Tunnel 與美女親吻……著實讓人血脈賁張、感動無限。然

而跑馬拉松，不只是爲了收集獎牌，留下感動回憶才是正經事！

自己憶起了目前生平唯一的一次海外馬拉松，吳哥窟馬拉松。在酷熱的盛夏八月，溼熱難耐的環境裡，跑起來眞是苦不堪言，不過也是一次既難得又難忘的經驗。海外跑馬拉松，是跑友們千里之外的一期一會。

路跑過的風景、擦身而過的人，或許從此再也不見。且跑且走、欣賞沿途風光和體驗路上意想不到的趣事和情境，才是跑馬拉松的最大收穫。馬拉松賽道上，不只是爲了收集獎牌和破 PB。也是爲了開拓自己的眼界和思維，若有可能，我一定重回賽道⋯⋯

public2021 年 9 月 1 日 17:49

小百岳 34

Bruce Photo

　遇見，醉人的楓紅在苗栗泰安。順著 2021 的最後一個月，啓程尋覓驚喜與感動，背起背包三度前往這一處能療癒情緒的醉人楓紅步道。

　啓登時氣喘吁吁、放慢腳步，仰頭看著陽光穿透各色交錯的楓紅、腳踩落葉發出的沙沙聲響。為了感受這歲末的繽紛，我又上山了。

　遠離了台北的溼冷，這裡的晴朗天氣，讓自己的心情為之振奮。可惜來晚了！雲霧已籠罩森林間。迷霧中所見

是深沉的墜紅、了無色彩的楓況。

　　登頂了！山頭宛如市集，連與三角點合影都還得排隊。這週一的平日怎會如此，百思莫解？人聲喧嘩、此起彼落。我在樹間尋找落單的紅葉，將它留在書頁一扉。

　　在樹下穿梭，擁有自己的平行時空，忘卻了人聲鼎沸、喧嘩吵鬧。追逐光影、思緒飛揚，醉在如此這般楓紅裡，也完成了第34座歐都納的小百岳……

　　　　　　　　　public2021 年 12 月 6 日 21:43

歲月
三　月
　　章

梗圖

　　第一次出通告錄製節目，待節目播出側錄時，發現製作單位製作了梗圖呈現在畫面上，看起來真是有趣！

　　自己變成了卡通人物，煞是好看、可愛，「老王賣瓜、自賣自誇」的本性表露無遺。這張是友人也看到節目後，截圖傳給我分享。參加通告不論時間長短？一直也都是抱著既快樂又卡通的心情去面對。

　　縱使滿班、超班也不以為苦。我用這句話來勉勵自己：「複雜的事情簡單做，簡單的事情快樂做，快樂的事情一直做。」

public2021 年 9 月 2 日 21:51

初老

戲癮

　　「國際橋牌社 2」將故事聚焦於 1994 年至 1996 年間，以第一次總統直選和台海飛彈危機為故事背景展開。

　　我慶幸自己有機會參與其中演出，雖無緣扮演英勇的國軍，那就來扮演對岸萬惡的解放軍，如此過過戲癮也好！

　　參與臨演一年八個多月以來，此次是拿到最好角色的一次，演來也格外的有成就感。倘若有第三季開拍的演出機會，自當不會錯過！此片上映一波三折，今天終於在

歲月三月章

YouTube 全球首播。

public2021 年 9 月 10 日 23:54

初老

台北一日

　　2021 台北國際觀光博覽會（TTE）、台北國際戶外休閒運動用品展，今天是展期的最後一天。前幾天因著志工服務，無法抽身前去觀賞，今天把握這最後的時段，一窺究竟。

　　看展是我最喜歡的靜態活動，只要是自己有興趣、又不錯的內容，一定不會錯過！這也是蒐羅隨身小物的最佳時機。約莫花了一個多小的時間走走逛逛，時間很快的就過去了。

　　接下來得辦正事去了，傍晚尚有一個通告等著參與。那就是第一次到「台視」出通告，覺得有著些許的新鮮感，以往都是到「民視」或者「三立」。

　　台視（TTV），是臺灣首家電視台，和中國電視公司、中華電視公司合稱為「老三台」。成立於 1962 年，對它格外親切有感，因為與我同壽……

Public2021 年 11 月 29 日 16:35

火力全開 VI

　　在今天下午約莫接近兩點鐘的時候，110 年全國運動會聖火號環島列車，緩緩駛入台鐵板橋站，結束了這一趟鐵路聖火環島之旅。於公我全程參與了 4 天的聖火環島傳遞、於私自己在下車之後，也安排了飽滿的私人行程，4 天當作 8 天充分加以使用。

　　這 4 天裡，順時針坐了一圈台灣。車內有許多臥虎藏龍的火炬手，來自各行各業、各個年齡層，職業、年齡或有不同，不過相同的是，每個人都是良善又熱情，同車一命的完成這一項在台灣史無前例的創舉。

　　已近深夜，可我睡不著覺，因為情緒還是持續的亢奮著，正細細品味著行程上的點點滴滴。終究是完成了這一場全程 890 公里的美好任務，這種感覺，和自己在去年 11

月完成的徒步環島足可比擬。洄瀾的藍海、太麻里的風、西子灣夕照、聚興山頂點，圓滿任務、完整行程。有一種感動，它來自火炬……

public2021 年 9 月 27 日 22:22

初老

繞著地球跑 VI

　　中秋連假，只因紫爆，不敢出門，繼續神遊往日。為了一睹火山容顏，2012 年飛往日本南部的九州，阿蘇火山自是此行重點。在這世界最大的破火山口馳騁兜風，何等愜意。

　　在此之後，阿蘇火山分別歷經了 2015 年、2016 年、2019 年、2020 年的數次大小不等的噴發！我何其有幸，能在此之前，登臨親見尚未噴發的火山口。

　　阿蘇山是世界上唯一一座可以近距離觀賞火山口的火

歲月三章

山。在這瀰漫著硫黃氣味之中可以看到由火山口冒出來的白色噴煙直逼雲霄，相當壯觀，讓人見識大自然驚奇力量。

火山口噴出的熔岩溫度高達 1,000 度以上，向下望去，火口池呈現青綠色，這是由於周圍的岩石溶化出來的鐵和銅的顏色(鐵→綠色、銅→藍色)所造成。貌似土耳其藍，煞是美麗。

360 度的視角，將阿蘇的壯麗自然，全數收入眼簾時的那份感動，就是旅途中最佳的禮讚，也感嘆造物者的偉大！與此同時，濃郁的硫磺味陣陣撲來……

public2021 年 9 月 21 日 11:54

飛翔

　　踏著輕快的步伐，沿著河岸往我今天擔任志工的處所前進。風很輕、天空藍、山油綠、水蕩漾。隨意撿拾了一只遺留在岸邊的羽毛，自己也不知道牠的主人是誰？灰白相間的羽毛，我就把它留在身邊。

　　仔細端詳這只羽毛，想起了自然界的奈米現象——不沾水的羽毛。鳥類們翱翔天際、日曬風吹雨淋在所難免，卻不覺得牠們的羽毛有被雨水打濕，顯然羽毛具有防水功能。

　　牠們是怎麼辦到的呢？原來羽毛的排列非常整齊，而且毛與毛之間的空隙極小，小到只有奈米尺寸。所以水分子無法穿透牠們身上的羽毛，這就是牠們特別的地方。

　　記得曾經玩過一次飛行傘，那種感覺大概是最接近鳥類的心思意念吧？ "Don't just fly, soar." 「不要只是飛，展翅翱翔吧！」——《小飛象》。夢想很高很遠，但別著急，總有一天會到那裡的……

public2021 年 10 月 29 日 11:42

風景

　　年近花甲的我和外孫、外孫女見面，半個世紀的對視，除了感動、也讓自己感觸良多。祖孫三就這麼對視著，彼此眼中都是對方，只是我的眼裡多了滄桑。

　　看著女兒、女婿和外孫、外孫女玩耍，洋溢著開心的

笑容。尤其是外孫、外孫女滿是汗水的通紅小臉，我覺得這就是世界上最美麗的風景了。

原野上的草沒有想像中的青綠，而是一片金黃。小女孩開心的蹦蹦跳跳、小男孩耍酷的舉手投足，為這人間的一方天地，縱或沒有青青芳草、一樣欣欣向榮！

public2021 年 10 月 29 日 22:17

離別

　　一早閒在家中無事，竟然意外的與鬆鬆訣別、也陪他走上此生最後一段路。我晃到了前宅客廳，見著鬆鬆躺在地板上。自從他身體大不如前之後，每每看到他，我都會下意識地、習慣看著他的胸口若是還有起伏，那表示他就還活著。

　　只見他胸口再無波瀾、一片平整，大為驚訝。意識到鬆鬆走了！頓時悲從中來，稍後抱起他溫熱的身軀，放置在平常帶他出門晃蕩的小籃子裡，覆上他穿過的衣服，送

歲　月
三　章

到動物醫院輾轉火化公司處理。心中萬般不捨，但又能如何？每每返家時，等門搖尾歡迎模樣，已成追憶。

在往醫院的這一條路上走得很漫長、很沉重，還記得十幾年前，這一個小生命初來乍到、出現我們家中，帶來了多少歡樂，恍如昨日。如今就這樣無聲無息地悄然離去，我又再輕撫他的額頭，自言自語地說：「鬆鬆，一路好走！我們都很愛你^_^」或許若有所失，待回到家中才發現這一路上都沒有戴上口罩……

public2021 年 11 月 16 日 11:00

初老

慢火車慢活

　　「慢火車，火車慢，我只能前進不能迴轉。因為心中燃燒著柔情，慢火車也能爬上山頂端……」在腦海裡浮現這一首歌的當下，正出發前往去尋找心中的那一片山頭

　　來到了這一站，自強號快車是不會停的，自己只能坐著區間電聯車，越過一站又一站、慢慢地來到這裡。上回想要去的地方，因為休館無緣造訪，今日終於一睹容顏。

　　1930 年興建的雙併日式建築，承載著兩家人的生活印記，時至今日，轉而成為認識在地常民日常的「城市文化

客廳」，讓老屋的故事繼續延續下去。

　　這裡有一個和旅客小小的互動，那就是提供了一張明信片，造訪者可以畫下圖案或寫下字句，完成後留在展間與他人分享，即可以獲贈一個小禮物。

　　在這個有故事、有溫度的空間裡，我待了許久，順便簡單的素描作畫，也拿到了一個精美的小禮物。這一天很溫馨、很愉悅，如同自己稍後北返時，白日將盡的月台上看到的紅紅夕陽燒呀燒，燒出天邊一片橘紅彩霞的溫暖。

　　　　　　　　　　public2021 年 12 月 1 日 19:31

國家圖書館出版品預行編目資料

歲月三章／李致遠著. —初版.—臺中市：白象文
化事業有限公司，2022. 11
　　面；　公分
ISBN 978-626-7151-98-3（平裝）
1. CST: 李致遠 2. CST: 自傳
3. CST: 臺灣
783. 3886　　　　　　　　　　　111011810

歲月三章

作　　者　李致遠
校　　對　李致遠
發 行 人　張輝潭
出版發行　白象文化事業有限公司
　　　　　412台中市大里區科技路1號8樓之2（台中軟體園區）
　　　　　出版專線：（04）2496-5995　　傳真：（04）2496-9901
　　　　　401台中市東區和平街228巷44號（經銷部）
　　　　　購書專線：（04）2220-8589　　傳真：（04）2220-8505
專案主編　林榮威
出版編印　林榮威、陳逸儒、黃麗穎、水邊、陳婉婷、李婕
設計創意　張禮南、何佳諠
經紀企劃　張輝潭、徐錦淳、廖書湘
經銷推廣　李莉吟、莊博亞、劉育姍、林政泓
行銷宣傳　黃姿虹、沈若瑜
營運管理　林金郎、曾千熏
印　　刷　百通科技股份有限公司
初版一刷　2022 年 11 月
定　　價　220 元

白象文化　印書小舖 PRESSSTORE 出版雜記　出版・經銷・宣傳・設計
www.ElephantWhite.com.tw　f 自費出版的領導者　購書 白象文化生活館